zeichnen lernen

Niedliche Charaktere in modischen Outfits.

Kellner ModePress

DIESES BUCH GEHÖRT:

Niedliche Charaktere in modischen Outfits.

Um dieses Buch zu verwenden, besorgen Sie sich ein Blatt Papier, einen Bleistift und einen Radiergummi. Sie können jedoch auch beliebige Zeichenwerkzeuge Ihrer Wahl verwenden, um die süßesten Charaktere zu erstellen, und Sie können ihnen Namen geben, nachdem Sie sie auf den Trainingsseiten gezeichnet haben.

1
2
3
4
5
6
7
8
9
10

Lass uns malen

1
2
3
4
5
6
7
8
9
10

Lass uns malen

1

2

3

4

5

6

7

8

9

10

Lass uns malen

1
2
3
4
5
6
7
8
9
10

Lass uns malen

1

2

3

4

5

6

7

8

9

10

Lass uns malen

1
2
3
4
5
6
7
8
9
10

Lass uns malen

1
2
3
4
5
6
7
8
9
10

Lass uns malen

1
2
3
4
5
6
7
8
9
10

Lass uns malen

Lass uns malen

1
2
3
4
5
6
7
8
9
10

Lass uns malen

1
2
3
4
5
6
7
8
9
10

Lass uns malen

Lass uns malen

1
2
3
4
5
6
7
8
9
10

Lass uns malen

1
2
3
4
5
6
7
8
9
10

Lass uns malen

1
2
3
4
5
6
7
8
9
10

Lass uns malen

1
2
3
4
5
6
7
8
9
10

Lass uns malen

1
2
3
4
5
6
7
8
9
10

Lass uns malen

1
2
3
4
5
6
7
8
9
10

Lass uns malen

1
2
3
4
5
6
7
8
9
10

Lass uns malen

1
2
3
4
5
6
7
8
9
10
ARKIE A9 Rai
ARKIE Rai

Lass uns malen

1
2
3
4
5
6
7
8
9
10

Lass uns malen

1
2
3
4
5
6
7
8
9
10

Lass uns malen

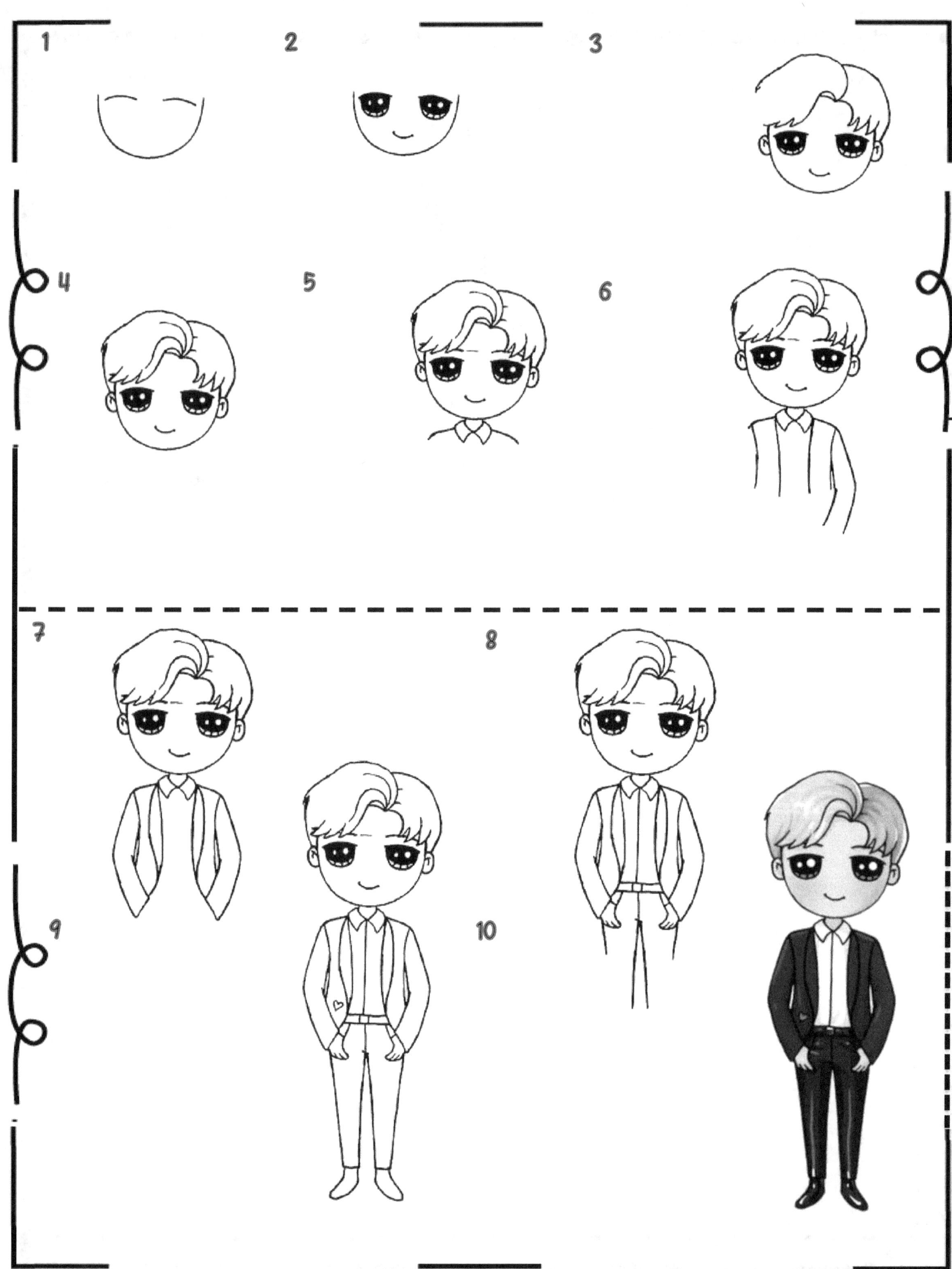

Lass uns malen

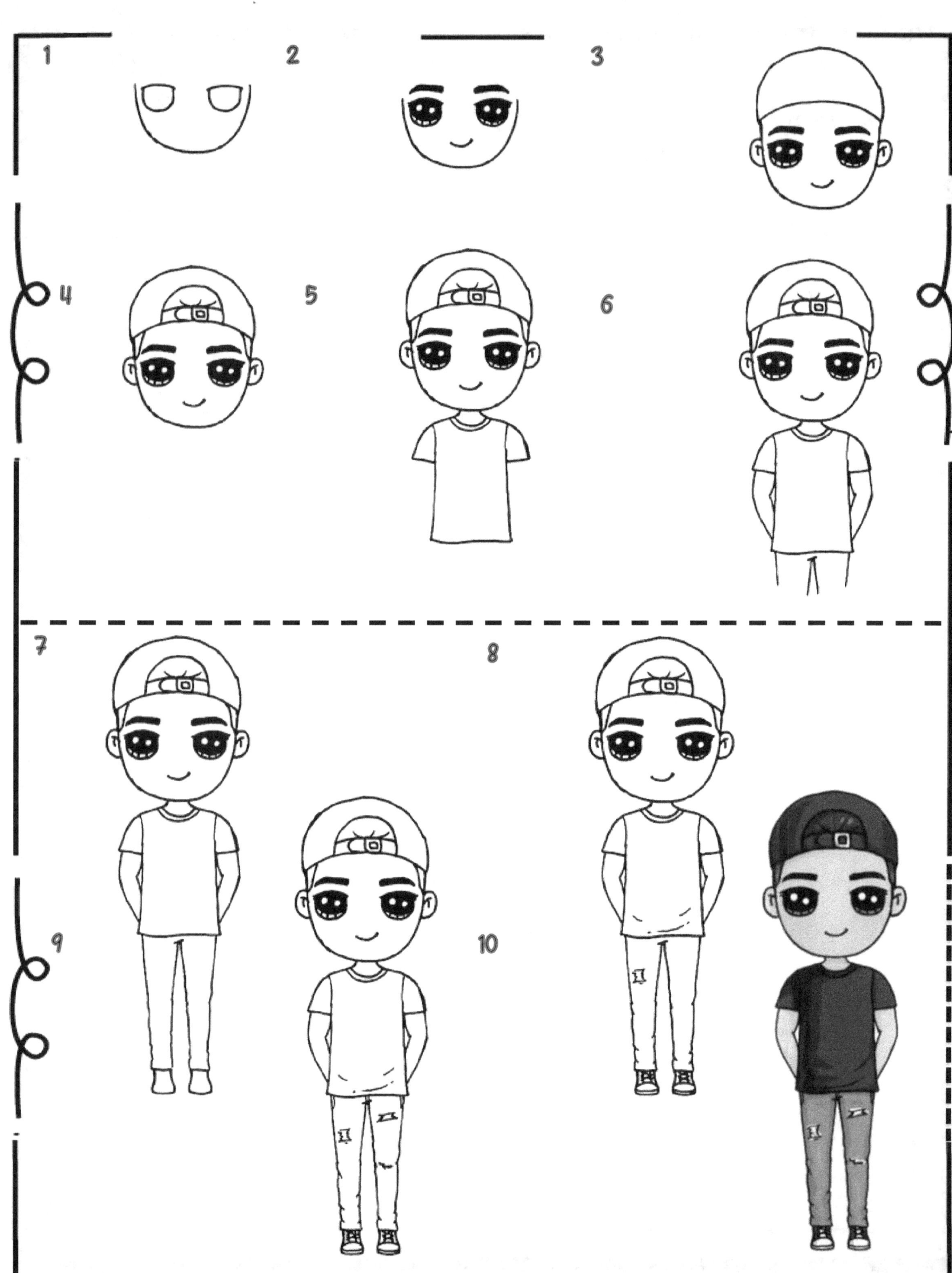

Lass uns malen

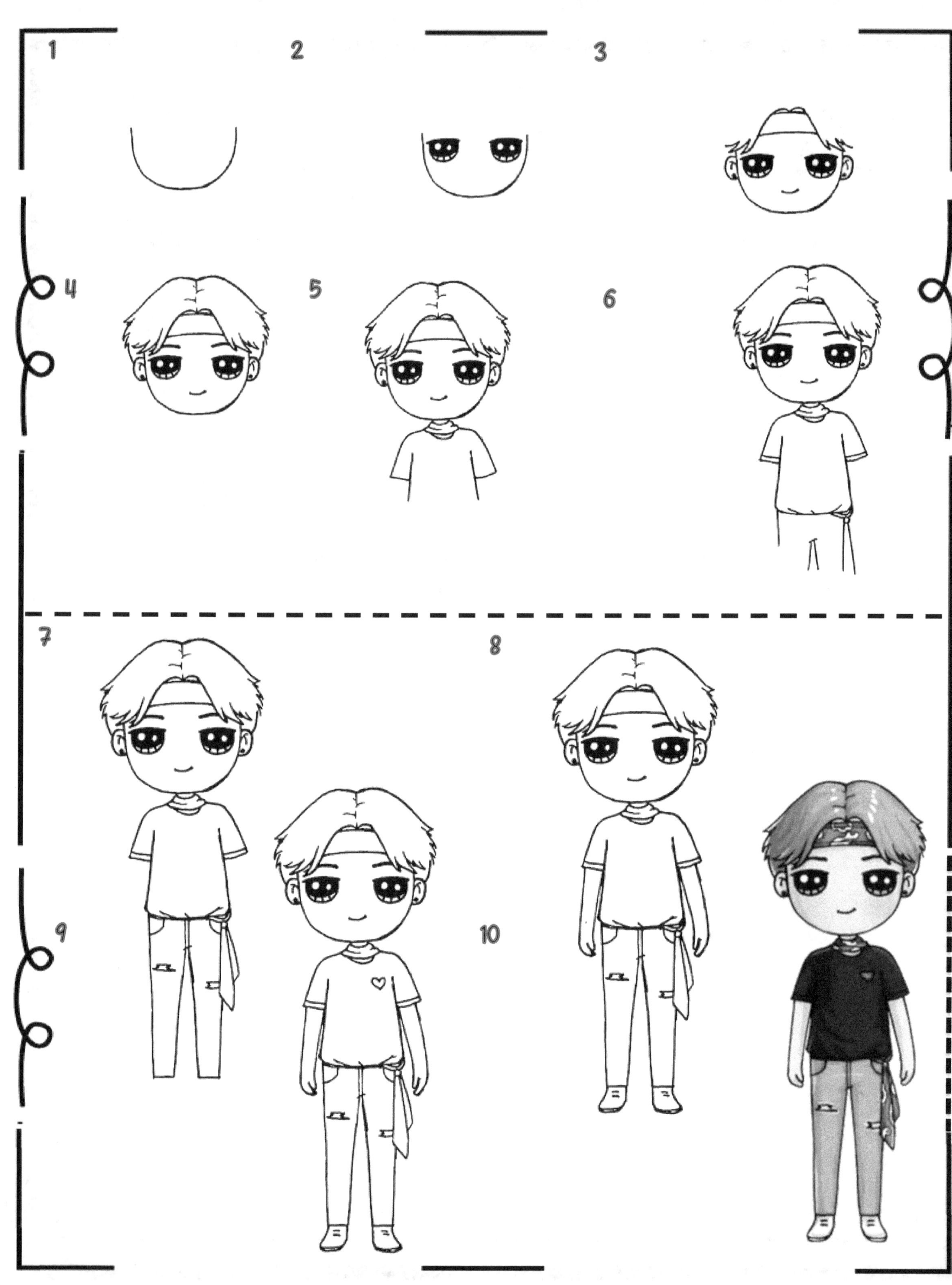

1
2
3
4
5
6
7
8
9
10

Lass uns malen

1

2

3

4

5

6

7

8

9

10

Lass uns malen

1
2
3
4
5
6
7
8
9
10

Lass uns malen

1
2
3
4
5
6
7
8
9
10

Lass uns malen

1
2
3
4
5
6
7
8
9
10

Lass uns malen

1
2
3
4
5
6
7
8
9
10

Lass uns malen

Lass uns malen

1
2
3
4
5
6
7
8
9
10

Lass uns malen

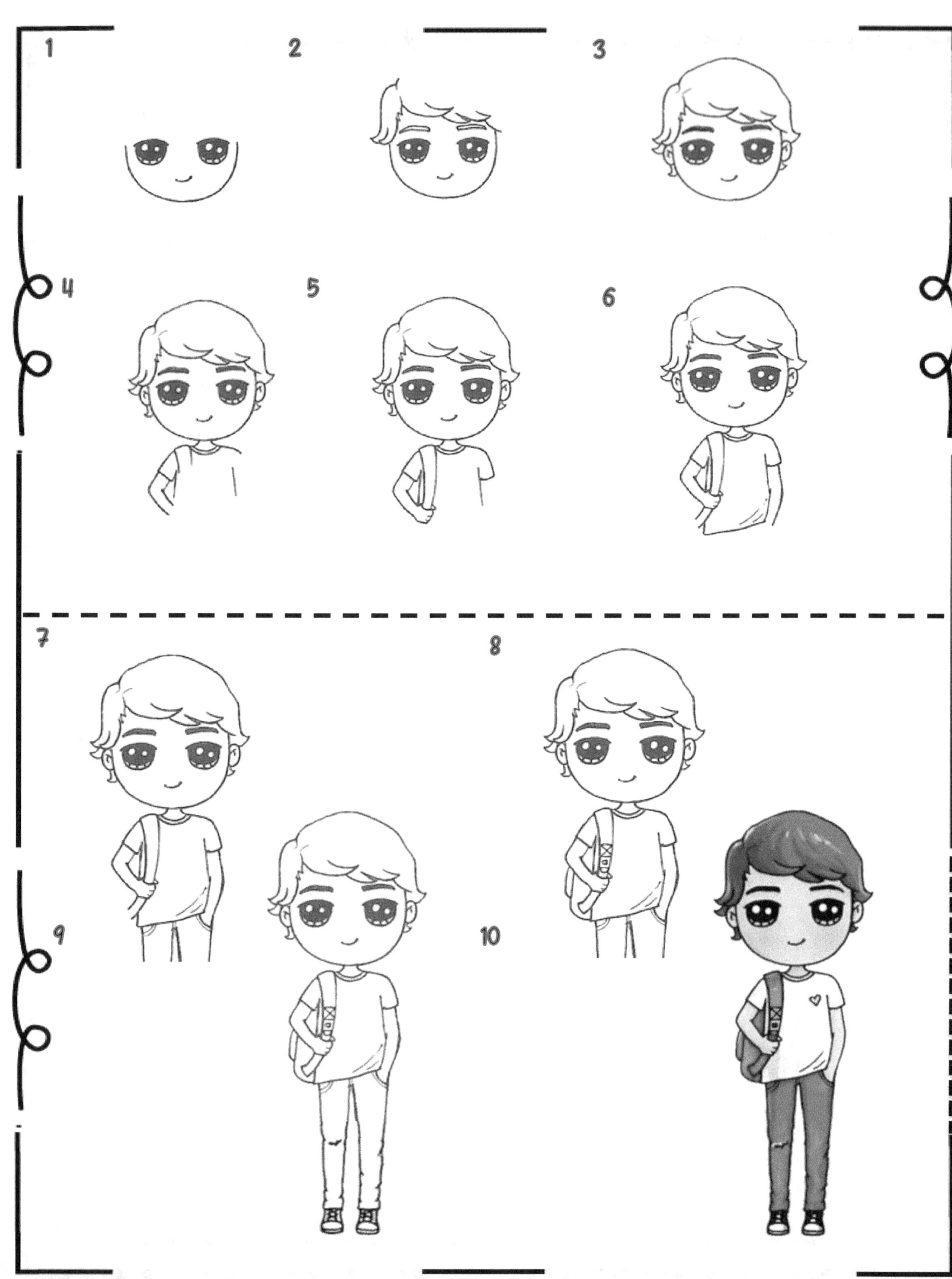

Lass uns malen

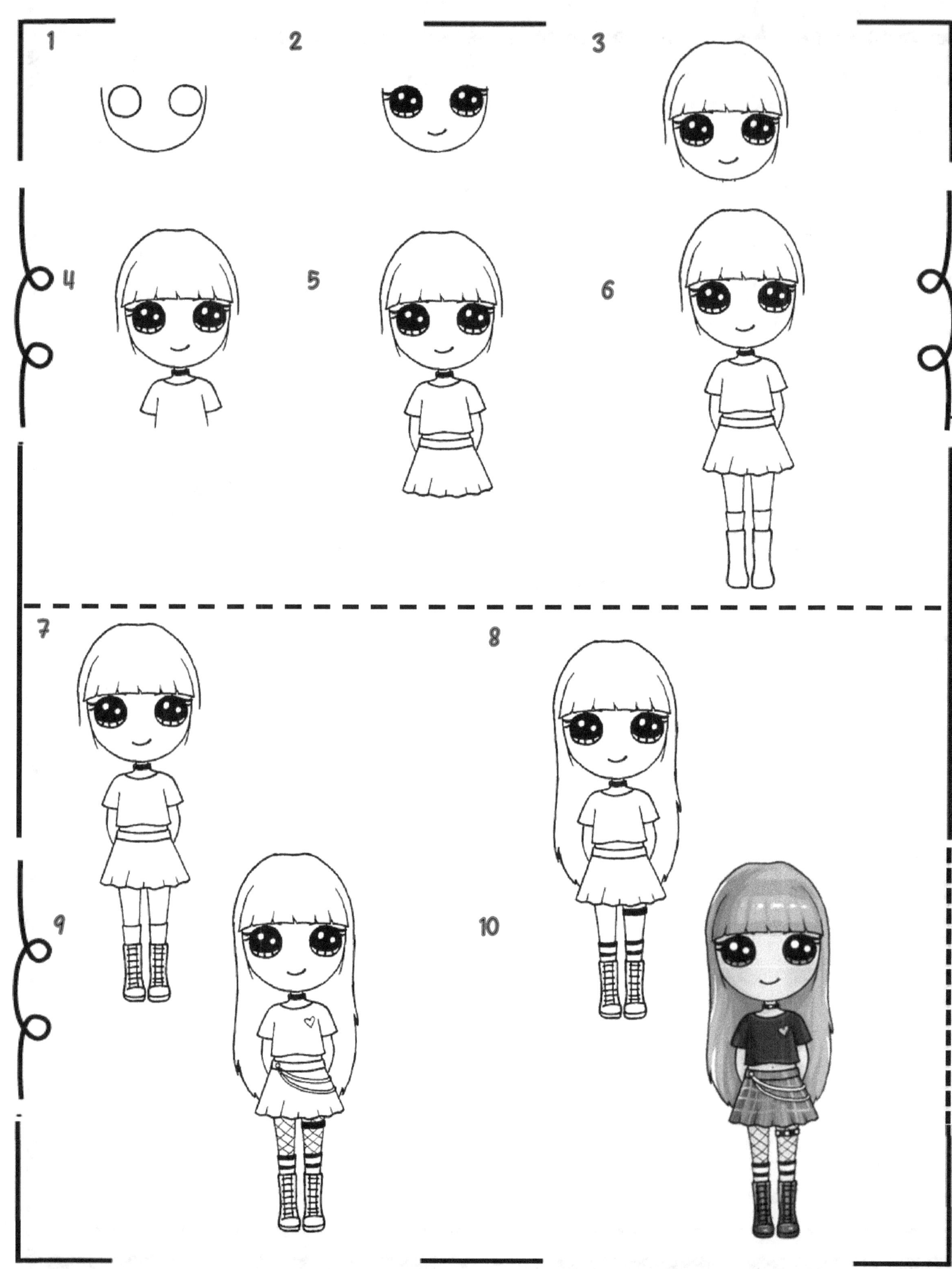

Lass uns malen

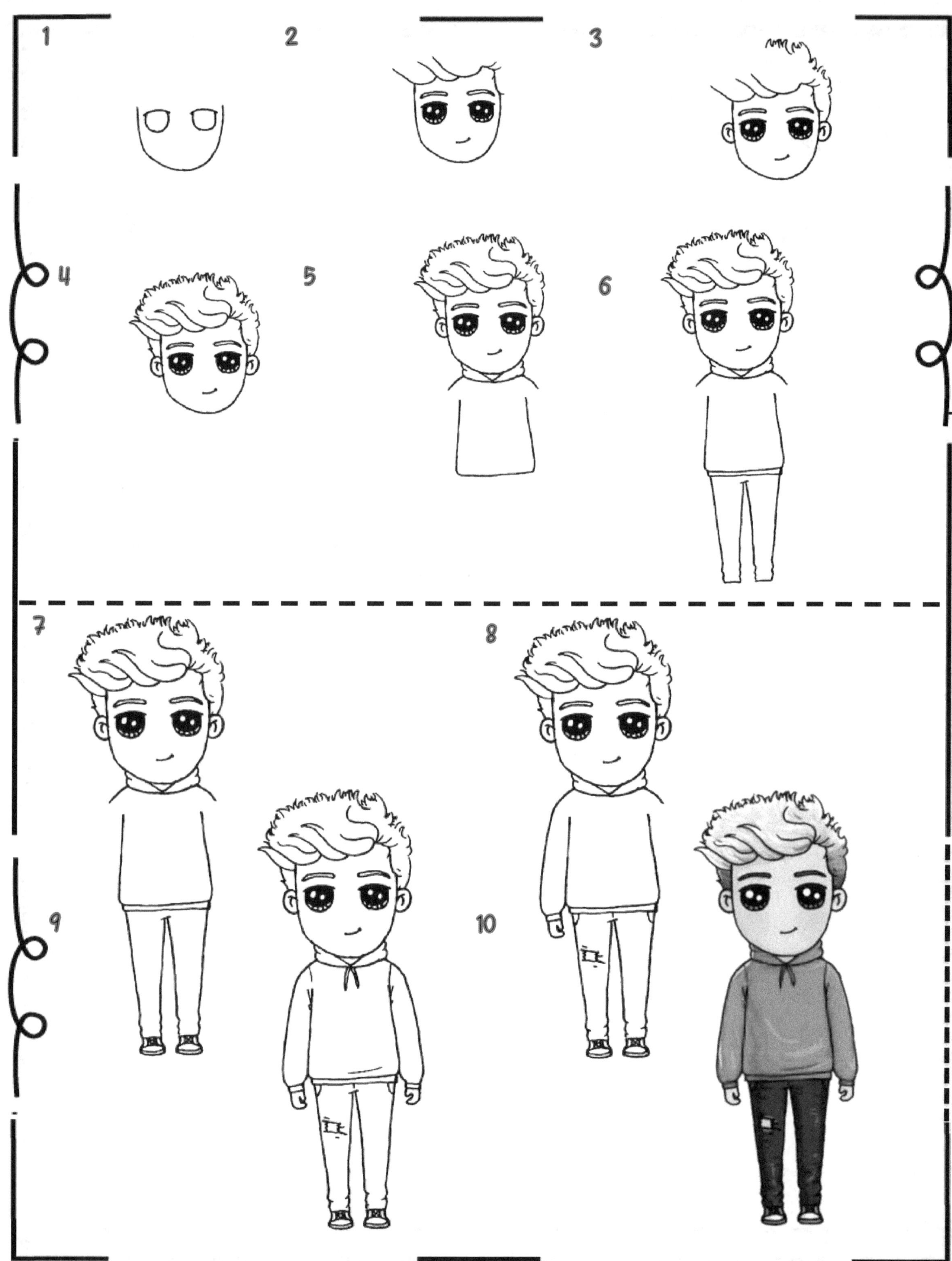

1
2
3
4
5
6
7
8
9
10

Lass uns malen

1
2
3
4
5
6
7
8
9
10

Lass uns malen

1
2
3
4
5
6
7
8
9
10

Lass uns malen

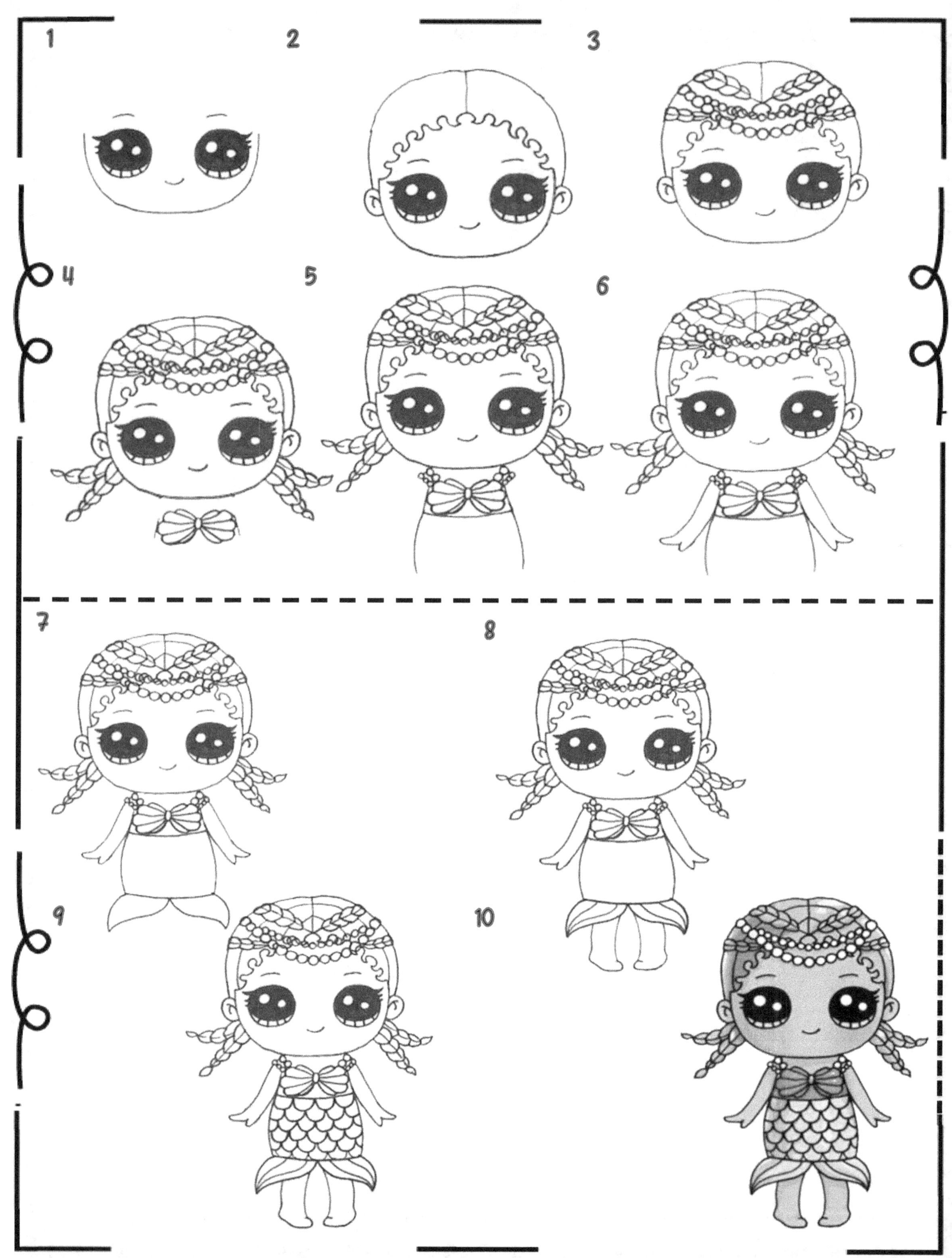

Lass uns malen

1
2
3
4
5
6
7
8
9
10

Lass uns malen

1
2
3
4
5
6
7
8
9
10

Lass uns malen

Lass uns malen

1
2
3
4
5
6
7
8
9
10

Lass uns malen

1
2
3
4
5
6
7
8
9
10

Lass uns malen

1
2
3
4
5
6
7
8
9
10

Lass uns malen

1
2
3
6
1(

Lass uns malen

1
2
3
4
5
6
7
8
9
10

Lass uns malen

1
2
3
4
5
6
7
8
9
10

Lass uns malen

1
2
3
4
5
6
7
8
9
10

Lass uns malen

Lass uns malen

1
2
3
4
5
6
7
8
9
10

Lass uns malen

1
2
3
4
5
6
7
8
9
10

Lass uns malen

1
2
3
4
5
6
7
8
9
10
LALISA

LALISA
Lass uns malen

1
2
3
4
5
6
7
8
9
10

Lass uns malen

Vielen Dank, dass Sie sich für dieses Buch entschieden haben. Wir hoffen, dass Ihnen jede Seite dieses Buches gefallen hat und Sie Schritt für Schritt gelernt haben, wie man zeichnet und Ihre eigene Kunst schafft.